school - sakola	2
travel - lalampahan	5
transport - transportasi	8
city - kota	10
landscape - pamandangan	14
restaurant - restoran	17
supermarket - supermarkét	20
drinks - inuman	22
food - dahareun	23
farm - pertanian	27
house - imah	31
living room - rohang tamu	33
kitchen - dapur	35
bathroom - kamar ibak	38
kids room - kamar budak	42
clothing - acuk	44
office - kantor	49
economy - ékonomi	51
occupations - pagawéan	53
tools - alat	56
musical instruments - alat musik	57
zoo - kebon binatang	59
sports - olahraga	62
activities - aktivitas	63
family - kulawarga	67
body - awak	68
hospital - rumah sakit	72
emergency - darurat	76
earth - Bumi	77
clock - jam	79
week - minggu	80
year - taun	81
shapes - bentuk	83
colors - warna-warna	84
opposites - sabalikna	85
numbers - angka-angka	88
languages - basa-basa	90
who / what / how - saha / naon / kumaha	91
where - di mana	92

Impressum
Verlag: BABADADA GmbH, Nedderfeld 112 , 22529 Hamburg
Geschäftsführer / Verlagsleitung: Harald Hof
Druck: Books on Demand GmbH, In de Tarpen 42, 22848 Norderstedt

Imprint
Publisher: BABADADA GmbH, Nedderfeld 112 , 22529 Hamburg, Germany
Managing Director / Publishing direction: Harald Hof
Print: Books on Demand GmbH, In de Tarpen 42, 22848 Norderstedt

school
sakola

- divide — bagi
- board — papan
- classroom — rohang kelas
- school yard — pakarangan sakola
- teacher — guru
- paper — kertas
- write — nyerat / nulis
- pen — kalam
- desk — méja gawé
- ruler — jidar
- book — buku
- pupil — murit

satchel
tas sakola

pencil case
wadah potlot

pencil
potlot

pencil sharpener
rautan potlot

rubber
pamupus

drawing pad
kertas gambar

school - sakola

drawing
gambar

paintbrush
kuas cét

paint box
kotak cét

scissors
gunting

glue
lém

exercise book
buku latihan

homework
péér

number
angka

add
nambahkeun

subtract
kurang

multiply
kali

calculate
ngitung

letter
surat

alphabet
alpabét

word
kecap

school - sakola

text
téks

read
maca

chalk
kapur

lesson
palajaran

register
daptar

examination
ujian

certificate
sértipikat

school uniform
saragam sakola

education
atikan

encyclopedia
énsiklopédi

university
univérsitas

microscope
mikroskop

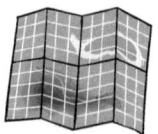
map
peta

waste-paper basket
wadah runtah

school - sakola

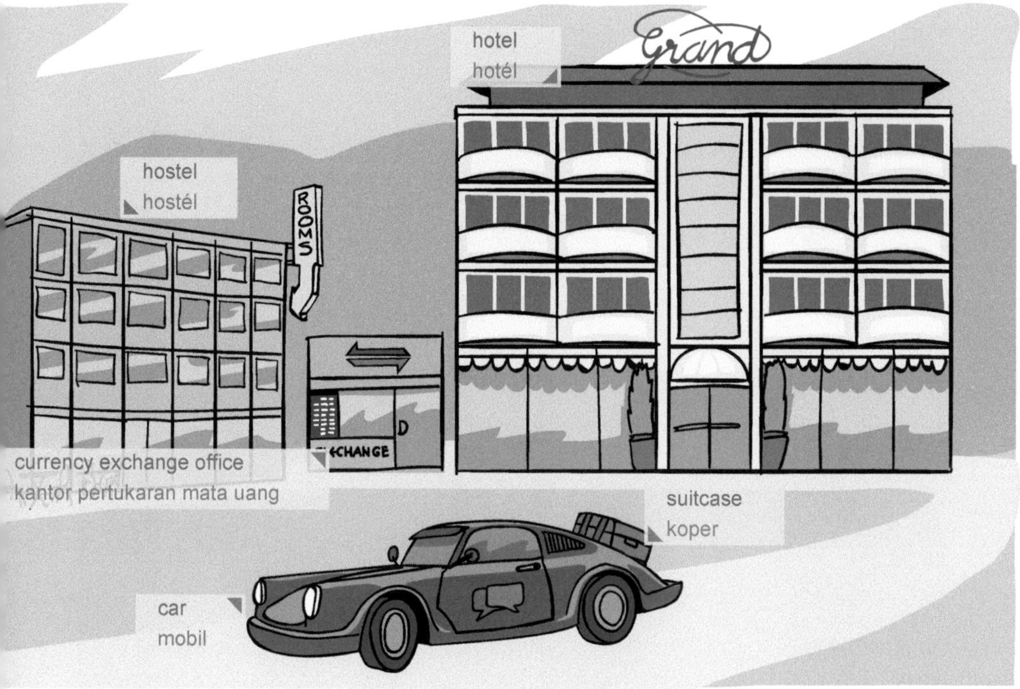

travel
lalampahan

hotel — hotél
hostel — hostél
currency exchange office — kantor pertukaran mata uang
suitcase — koper
car — mobil

language
basa

yes / no
muhun / henteu

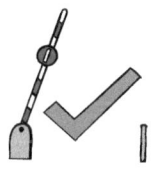

Okay
oké

hello
hei

translator
panarjamah

Thank you
hatur nuhun

how much is…?
sabaraha hargana…?

I don´t get it
abdi teu ngartos

problem
masalah

Good evening!
Wilujeng wengi!

Good morning!
Wilujeng siang!

Good night!
Wilujeng wengi!

goodbye
mugi patepang deui

direction
arah

luggage
bagasi

bag
kantong

backpack
ransel

guest
tamu

room
rohang

sleeping bag
kantong saré

tent
tenda

travel - lalampahan

tourist information	beach	credit card
informasi wisata	pantai	kartu krédit

breakfast	lunch	dinner
sarapan	dahar beurang	dahar peuting

Ticket	elevator	stamp
tikét	lift	perangko
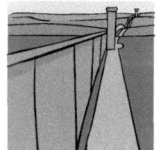		
border	customs	embassy
wates	cukai	kedutaan

visa	passport	
visa	paspor	

travel - lalampahan

transport
transportasi

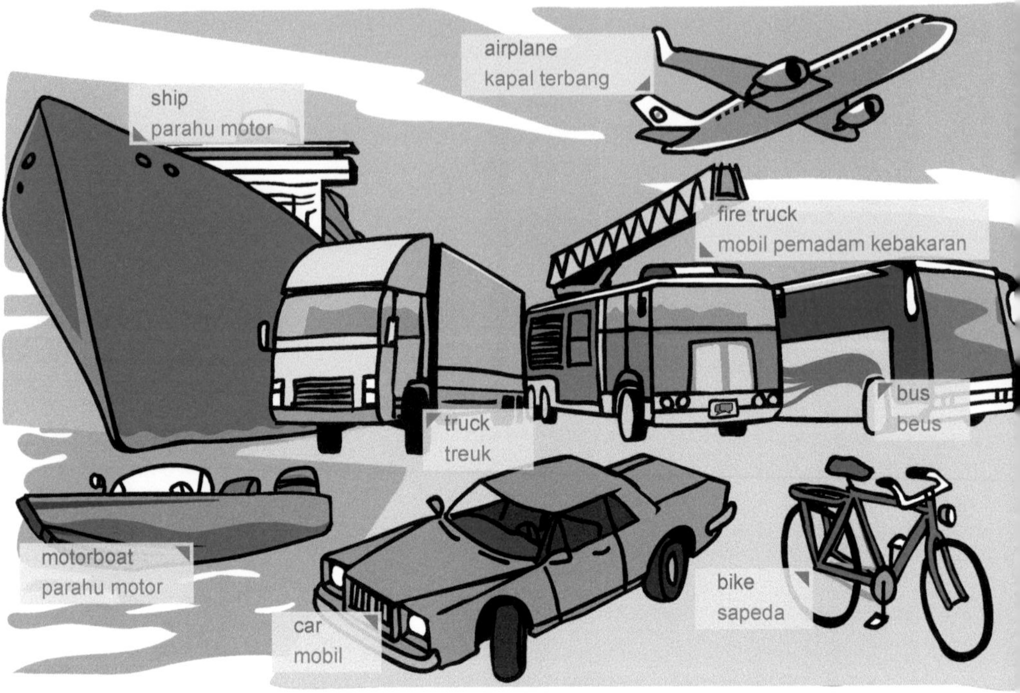

ferry
kapal féri

boat
parahu

motorbike
sapeda motor

police car
mobil pulisi

racing car
mobil balap

rental car
mobil nyéwa

transport - transportasi

car sharing
mobil babarengan

tow truck
treuk dérék

garbage truck
treuk runtah

engine
motor

fuel
bahan bakar

fuel station
bénsin

traffic sign
tanda lalulintas

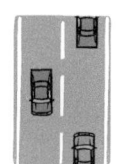

traffic
lalulintas

traffic jam
macét

parking lot
parkir mobil

train station
stasiun karéta

tracks
trék

train
karéta api

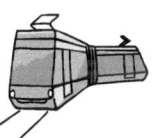

tram
tram

wagon
garobag

transport - transportasi

helicopter

hélikopter

airport

bandara

tower

munara

passenger

panumpang

container

konténer

carton

karton

cart

troli

basket

karanjang

take off / land

terbang / landas

city
kota

village

kampung

city center

tengah kota

house

imah

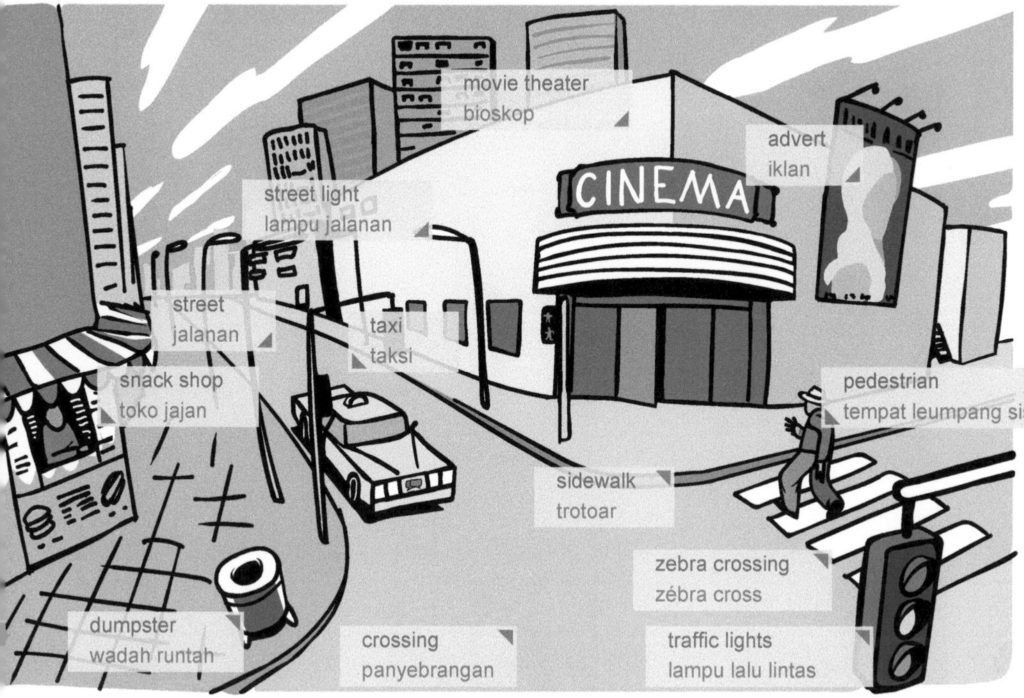
movie theater
bioskop
advert
iklan
CINEMA
street light
lampu jalanan
street
jalanan
taxi
taksi
snack shop
toko jajan
pedestrian
tempat leumpang sis
sidewalk
trotoar
zebra crossing
zébra cross
dumpster
wadah runtah
crossing
panyebrangan
traffic lights
lampu lalu lintas

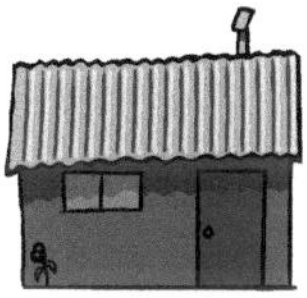

hut

gubuk

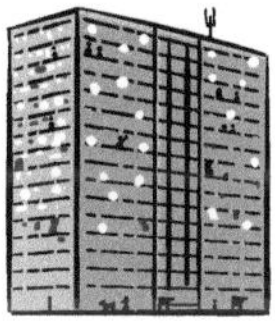

apartment

imah flat

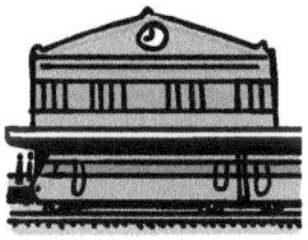

train station

stasiun karéta

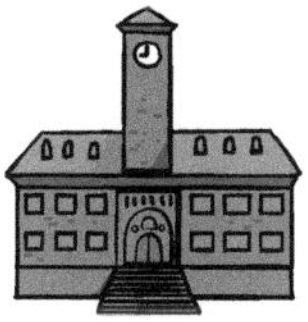

city hall

balai kota

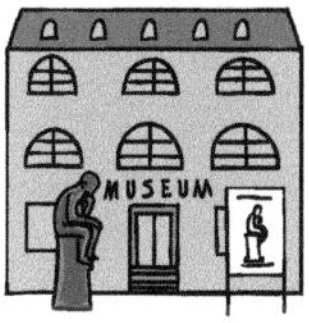
MUSEUM

museum

museum

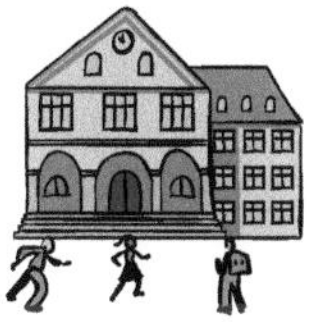

school

sakola

university

univérsitas

bank

bank

hospital

rumah sakit

hotel

hotél

pharmacy

farmasi

office

kantor

book shop

toko buku

shop

toko

flower shop

toko kembang

supermarket

supermarkét

market

pasar

department store

swalayan

fishmonger's shop

nalayan

mall

pusat balanja

harbor

palabuan

city - kota

park
kebon

bench
korsi

bridge
sasak

stairs
tangga

subway
kareta bawah tanah

tunnel
torowongan

bus stop
halte beus

bar
bar

restaurant
restoran

postbox
kotak surat

street sign
tanda jalan

parking meter
meteran parkir

zoo
kebon binatang

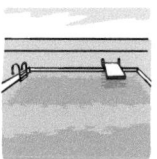

swimming pool
kolam renang

mosque
masigit

farm
pertanian

pollution
polusi

cemetery
kuburan

church
gareja

playground
tempat ulin

temple
pura

landscape
pamandangan

- leaf — daun
- signpost — panunjuk arah
- path — jalanan
- meadow — ladang jukut
- stone — batu
- tree — tangkal
- hiker — tukang leumpang
- river — susukan
- grass — jukut
- flower — kembang

landscape - pamandangan

valley lengkob	hill bukit	lake tasik
	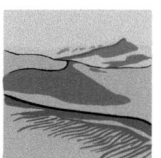	
forest leuweung	desert gurun	volcano gunung marapi

castle karaton	rainbow katumbiri	mushroom suung

palm tree tangkal palem	mosquito reungit	fly laleur

ant sireum	bee nyiruan	spider lamat lancah

landscape - pamandangan

beetle
nyiruan

frog
bangkong

squirrel
bajing

hedgehog
landak

hare
kalinci

owl
bueuk

bird
manuk

swan
soang

boar
bagong

deer
kijang

moose
kijang

dam
bendungan

wind turbine
turbin angin

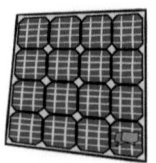

solar panel
panél surya

climate
iklim

landscape - pamandangan

restaurant
restoran

- waiter / badega
- menu / menu
- chair / korsi
- soup / sop
- pizza / pitsa
- cutlery / parkakas dahar
- tablecloth / taplak

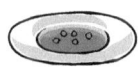

starter
hidangan pembuka

main course
hidapan utama

dessert
hidangan penutup

drinks
inuman

food
dahareun

bottle
botol

restaurant - restoran

fast food
dahareun cepat saji

street food
jajanan sisi jalan

teapot
téko téh

sugar bowl
wadah gula

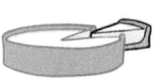

portion
porsi

espresso machine
mesin éspréso

high chair
korsi jangkung

bill
tagihan

tray
baki

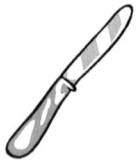

knife
péso

fork
garpu

spoon
séndok

teaspoon
séndok téh

serviette
serbét

glass
gelas

restaurant - restoran

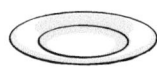

plate	soup plate	saucer
piring	mangkok sop	pisin

sauce	salt shaker	pepper mill
saos	wadah uyah	panggiling pedes

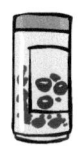

vinegar	oil	spices
cuka	minyak	bumbu

ketchup	mustard	mayonnaise
saos tomat	mustard	mayonés

supermarket
supermarkét

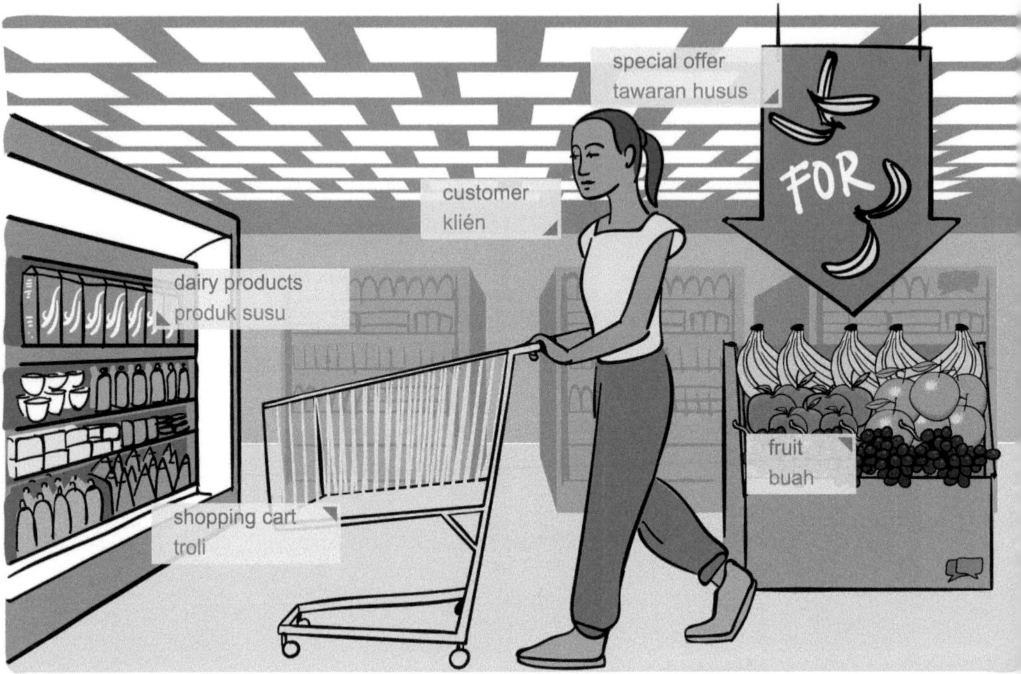

special offer
tawaran husus
customer
klién
FOR
dairy products
produk susu
fruit
buah
shopping cart
troli

BUTCHERS

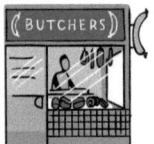

butcher's shop

tukang meuncit

BAKERY

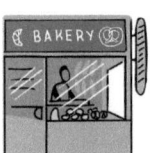

bakery

toko roti

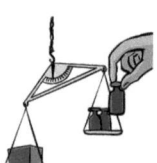

weigh

nimbang

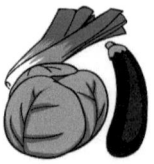

vegetables

sayur

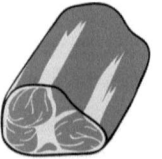

meat

daging

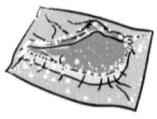

frozen food

tuangeun beku

cold cuts
alat potong daging

canned food
dahareun kaléng

detergent
sabun serbuk

candy
permén

household products
perkakas rumah tangga

cleaning products
produk pembersih

sales representative
tukang jualan

cash register
kasa

cashier
kasir

shopping list
daftar balanja

opening hours
jam buka

wallet
dompét

credit card
kartu krédit

bag
kantong

plastic bag
kantong palastik

supermarket - supermarkét

drinks
inuman

water
cai

juice
jus

milk
susu

coke
kola

wine
anggur

beer
arak

alcohol
arak

cocoa
coklat

tea
téh

coffee
kopi

espresso
éspréso

cappuccino
kapucino

food
dahareun

banana
pisang

apple
apel

orange
jeruk

melon
samangka

lemon
lémon

carrot
wortel

garlic
bawang bodas

bamboo
awi

onion
bawang bombai

mushroom
suung

nuts
suuk

noodles
emih

spaghetti
spagéti

rice
sangu

salad
salat

fries
kentang goréng

fried potatoes
kentang goréng

pizza
pitsa

hamburger
hamburger

sandwich
roti lapis

escalope
sakeureut daging

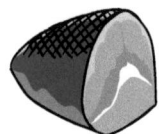

ham
ham

salami
salami

sausage
sosis

chicken
hayam

roast
ngagoreng

fish
lauk

food - dahareun

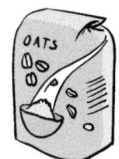

porridge oats
bubur gandum

muesli
séréal

cornflakes
cornflakes

flour
tarigu

croissant
croissant

bread roll
roti

bread
roti

toast
roti panggang

cookies
biskuit

butter
mantéga

curd
dadih

cake
kuéh

egg
endog

fried egg
goréng endog

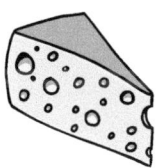

cheese
keju

food - dahareun

ice cream	sugar	honey
eskrim	gula	madu

jelly	nougat cream	curry
selé	krim coklat	karé

farm
pertanian

- farm house / imah anjing
- barn / lumbuh
- straw bale / balé jamari
- field / lapangan
- horse / kuda
- trailer / karéta gandéng
- tractor / traktor
- foal / belo
- donkey / kaldé
- lamb / domba
- sheep / domba

goat
embé

cow
sapi

calf
bitis

pig
bagong

piglet
babi

bull
banténg

farm - pertanian

goose
soang

duck
éntog

chick
pitik

hen
hayam

cockerel
hayam jago

rat
beurit

cat
ucing

mouse
beurit

ox
sapi

dog
anjing

dog house
imah anjing

garden hose
selang

watering can
kaléng nyiram

scythe
arit panjang

plow
ngabajak

farm - pertanian

sickle
arit

hoe
pacul

pitchfork
garpuh jukut

axe
kapak

pushcart
gorobah

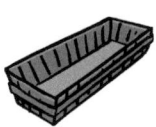
trough
palung

milk can
kaléng susu

sack
karung

fence
pager

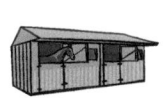
stable
kandang

greenhouse
imah kaca

soil
taneuh

seed
benih

fertilizer
pupuk

combine harvester
mesin permén

farm - pertanian

harvest
panén

harvest
panén

yams
yams

wheat
gandum

soya
kedelé

potato
kentang

corn
jagong

rapeseed
lobak

fruit tree
tangkal buah

manioc
sampeu

grain
séréal

farm - pertanian

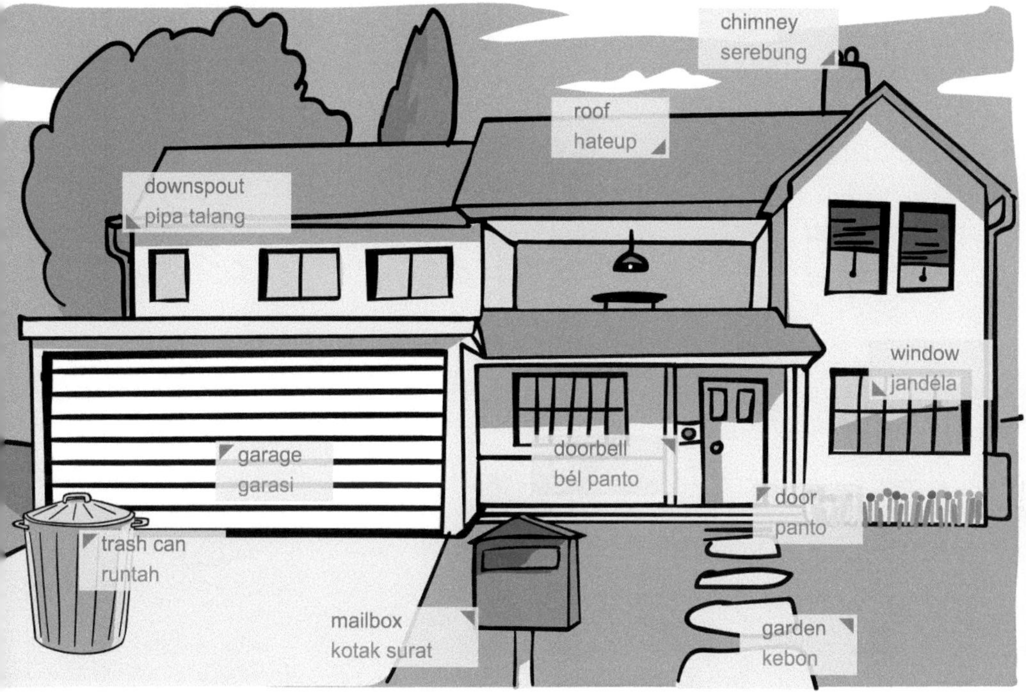

house
imah

- chimney — serebung
- roof — hateup
- downspout — pipa talang
- window — jandéla
- garage — garasi
- doorbell — bél panto
- door — panto
- trash can — runtah
- mailbox — kotak surat
- garden — kebon

living room
rohang tamu

bathroom
kamar ibak

kitchen
dapur

bedroom
pangkéng

kids room
kamar budak

dining room
kamar makan

house - imah

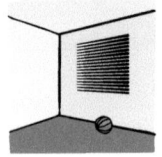 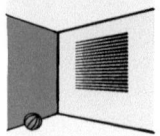 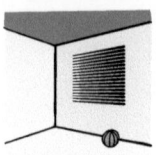

floor	wall	ceiling
téhel	tembok	hateup

cellar	sauna	balcony
gudang di handap imah	sauna	balkon

 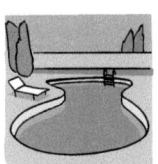 

terrace	pool	lawn mower
tepas	kolam renang	mesin pamotong jukut

  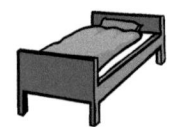

sheet	bedspread	bed
sepré	simbut	ranjang

broom	bucket	switch
sapu	émbér	tombol

house - imah

living room
rohang tamu

- wallpaper — kertas tembok
- picture — gambar
- lamp — lampu
- shelf — rak
- cabinet — kabinét
- fireplace — hawu
- television — télévisi
- flower — kembang
- cushion — bantal
- sofa — sofa
- vase — vas
- remote control — kadali jauh

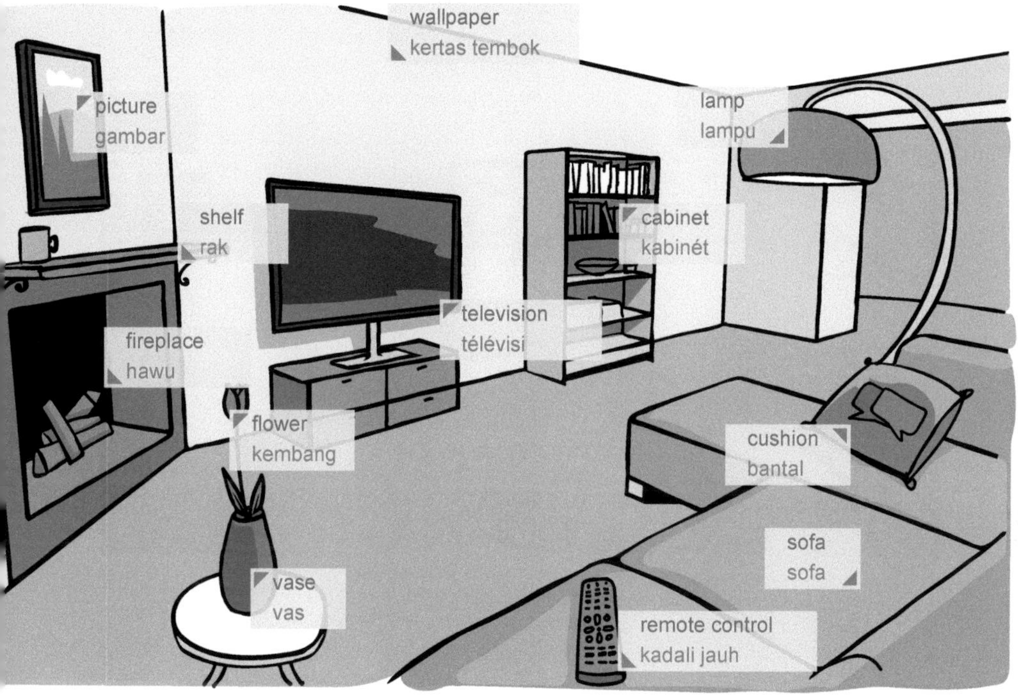

carpet
karpét

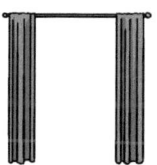

drape
hordéng

table
meja

chair
korsi

rocking chair
korsi goyang

armchair
korsi malas

living room - rohang tamu

book
buku

blanket
simbut

decoration
dékorasi

firewood
suluh

film
pilem

stereo system
hi-fi

key
konci

newspaper
surat kabar

painting
lukisan

poster
poster

radio
radio

notebook
buku tulis

vacuum cleaner
panyedot kebul

cactus
kaktus

candle
lilin

living room - rohang tamu

kitchen
dapur

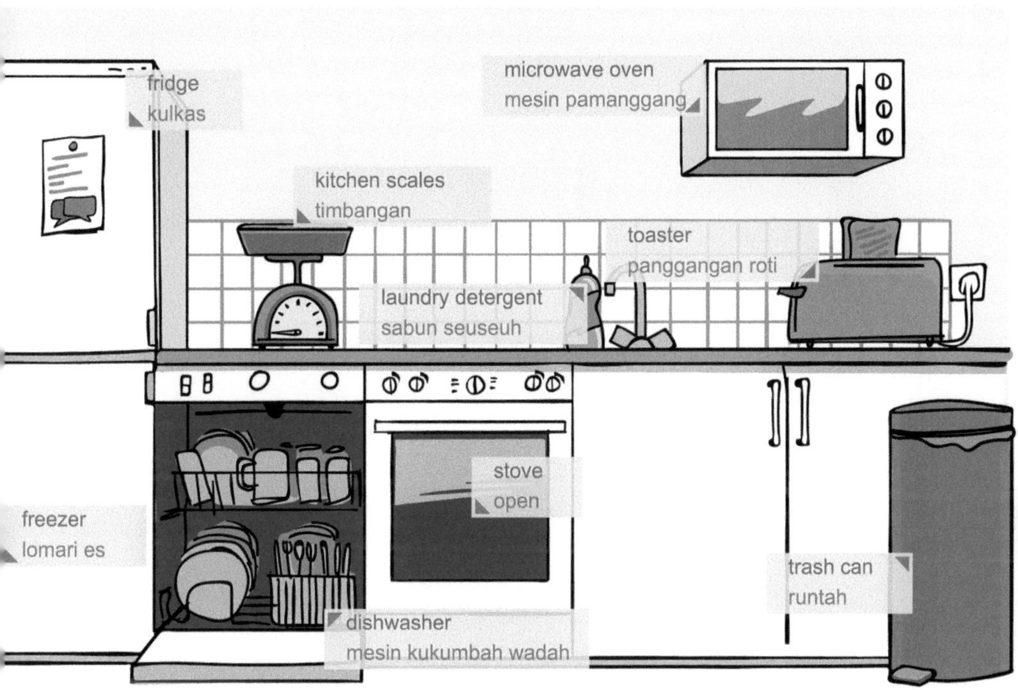

- fridge / kulkas
- microwave oven / mesin pamanggang
- kitchen scales / timbangan
- toaster / panggangan roti
- laundry detergent / sabun seuseuh
- freezer / lomari es
- stove open
- dishwasher / mesin kukumbah wadah
- trash can / runtah

cooker
kompor

pot
panci

cast-iron pot
panci beusi

wok / kadai
katél

pan
panci

kettle
citél

kitchen - dapur

steamer

langseng

baking tray

baki

crockery

piring

mug

cangkir

bowl

mangkok

chopsticks

sumpit

ladle

sendok sop

spatula

sérok

whisk

pangocok

strainer

ayakan

sieve

saringan

grater

parutan

mortar

mortar

barbecue

daging bakar

fireplace

suluh

kitchen - dapur

chopping board
papan pamotong

rolling pin
gilingan

corkscrew
alat pambuka tutup botol

can
kaléng

can opener
pambuka kaléng

oven cloth
gagang panci

sink
tilelep

brush
sikat

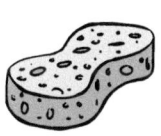

sponge
busa

blender
blénder

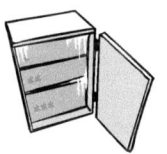

deep freezer
lomari es

baby bottle
botol orok

tap
keran

kitchen - dapur 37

bathroom
kamar ibak

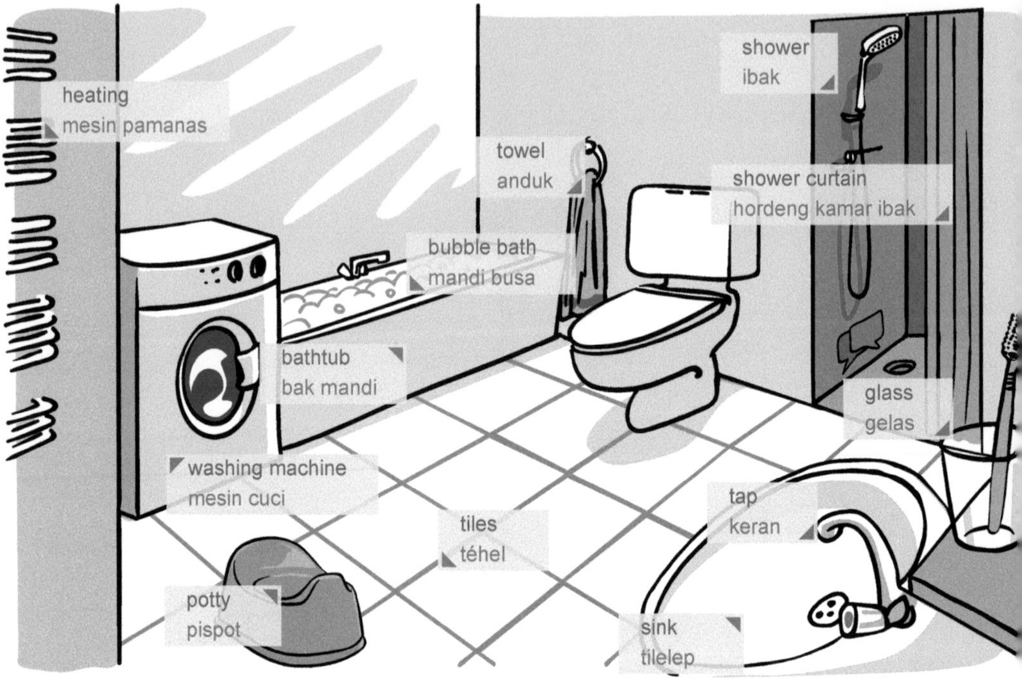

- heating / mesin pamanas
- shower / ibak
- towel / anduk
- shower curtain / hordeng kamar ibak
- bubble bath / mandi busa
- bathtub / bak mandi
- glass / gelas
- washing machine / mesin cuci
- tap / keran
- tiles / téhel
- potty / pispot
- sink / tilelep

toilet
jamban

squat toilet
cubluk

bidet
bidét

urinal
urinal

toilet paper
kertas jamban

toilet brush
sikat jamban

toothbrush

sikat huntu

toothpaste

odol

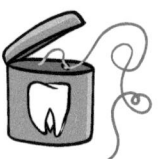

dental floss

benang gigi

wash

nyeuseuh

hand shower

kokocoran leungeun

douche

kukucuran

basin

bak

back brush

panyikat tonggong

soap

sabun

shower gel

gel ibak

shampoo

sampo

flannel

planél

drain

nguras

creme

krim

deodorant

déodoran

bathroom - kamar ibak

mirror

eunteung

hand mirror

eunteung leungeun

razor

péso cukur

shaving foam

busa cukur

aftershave

krim cukur

comb

sisir

brush

sikat

hair-dryer

alat panggaring rambut

hairspray

semprotan rambut

makeup

pangrias beungeut

lipstick

lipstik

nail varnish

cét kuku

cotton wool

kapas

nail scissors

gunting kuku

perfume

minyak seungit

washbag — kantong seuseuh
stool — bangku
weighing scales — timbangan

bathrobe — baju mandi
rubber gloves — sarung tangan karét
tampon — sampon

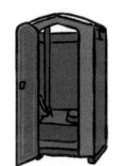

sanitary towel — handuk pembalut
chemical toilet — jamban kimia

kids room
kamar budak

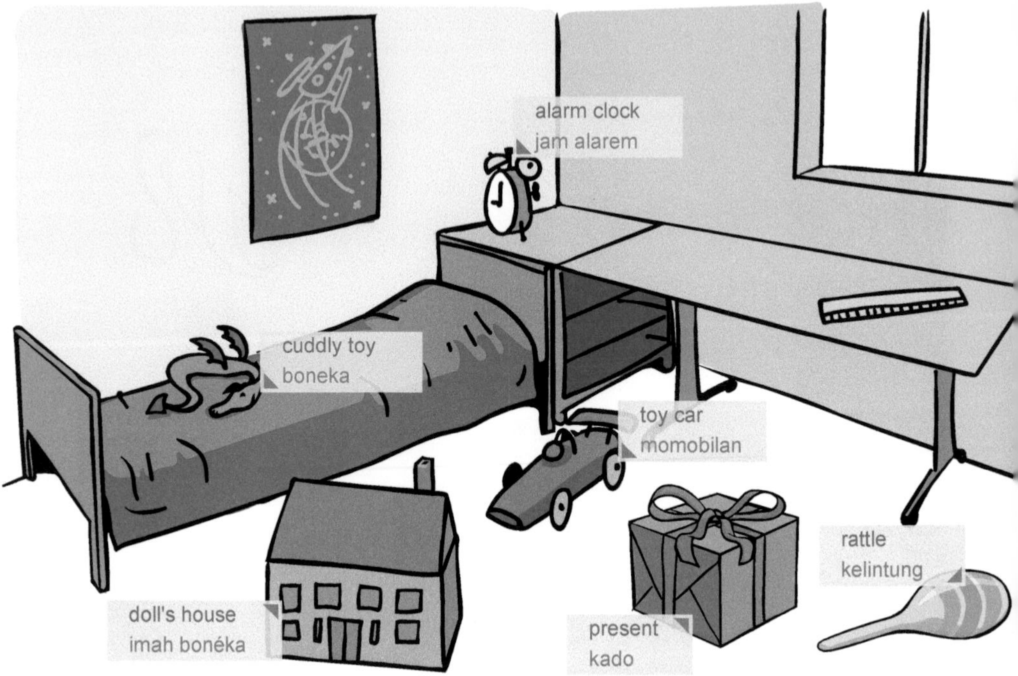

- alarm clock — jam alarem
- cuddly toy — boneka
- toy car — momobilan
- rattle — kelintung
- doll's house — imah bonéka
- present — kado

balloon
balon

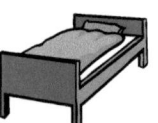

bed
ranjang

stroller
karéta orok

deck of cards
kartu

jigsaw
tatarucingan

comic
komik

lego bricks
kaulinan lego

toy blocks
kaulinan bentuk blok

action figure
figur tokoh

romper suit
baju budak

frisbee
frisbee

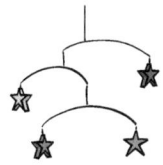
mobile
mobile

board game
papan gim

dice
dadu

model train set
set model kareta api

pacifier
endot

party
pihak

picture book
buku gambar

ball
bal

doll
bonéka

play
ulin

sandpit
wadah pasir maénan

swing
ayunan

toys
kaulinan

video game console
video gim konsol

tricycle
sapedah roda tilu

teddy bear
bonéka beruang

wardrobe
lomari baju

clothing
acuk

socks
kaos kaki

stockings
kaos kaki

tights
baju ketat

body
awak

pants
calana

jeans
jins

skirt
rok

blouse
blus

shirt
kaméja

pullover
jakét tiung

sweater
baju haneut

blazer
jakét

jacket
jakét

coat
jakét

raincoat
jas hujan

costume
kostum

dress
gaun

wedding dress
gaun pangantén

clothing - acuk

suit
baju resmi

nightgown
baju saré

pajamas
piyama

sari
sari

headscarf
tiung

turban
turban

burka
burka

kaftan
kaftan

abaya
abaya

swimsuit
baju renang

trunks
calana renang

shorts
calana péndék

tracksuit
orang raga

apron
celemék

gloves
sarung tangan

clothing - acuk

button kancing	glasses kaca soca	bracelet gelang

necklace kongkorong	ring ali	earring giwang

cap topi	coat hanger gantungan jakét	hat topi

tie dasi	zip risléting	helmet hélem

braces tali salémpang	school uniform saragam sakola	uniform saragam

bib
apron orok

pacifier
endot

diaper
popok

office
kantor

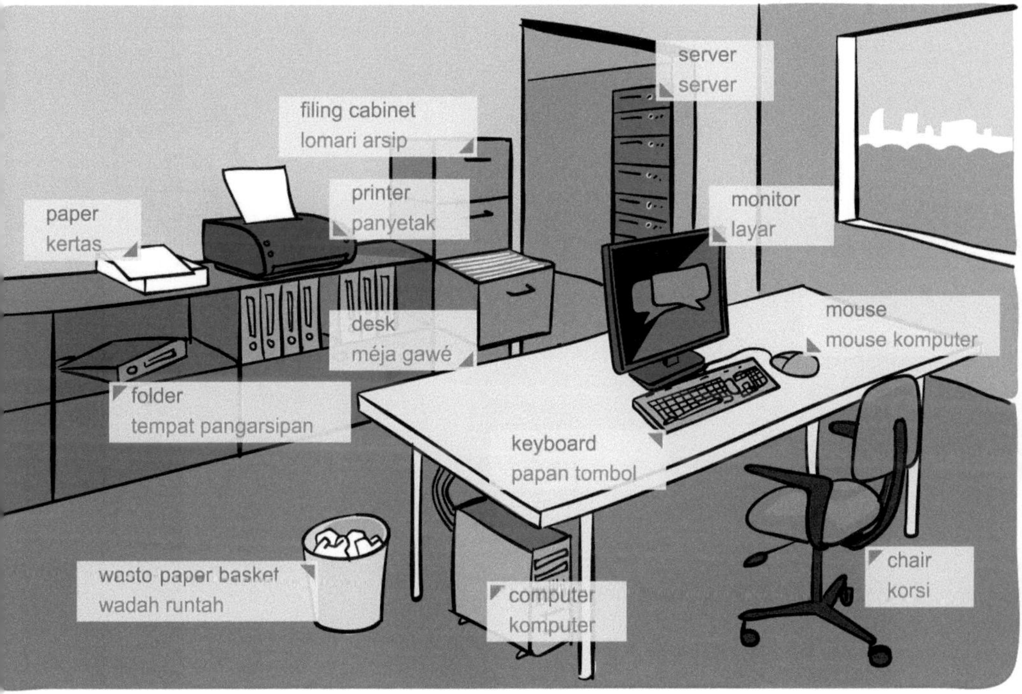

- server / server
- filing cabinet / lomari arsip
- printer / panyetak
- monitor / layar
- paper / kertas
- desk / méja gawé
- mouse / mouse komputer
- folder / tempat pangarsipan
- keyboard / papan tombol
- waste paper basket / wadah runtah
- computer / komputer
- chair / korsi

coffee mug
cangkir kopi

calculator
kalkulator

internet
internét

office - kantor

laptop
laptop

letter
surat

message
pesen

cell phone
telpon sélulér

network
jaringan

photocopier
fotokopi

software
software

telephone
telpon

plug socket
plug sokét

fax machine
mesin fax

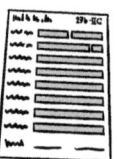
form
formulir

document
dokumén

economy
ékonomi

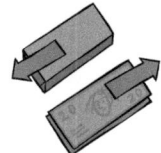
buy
mésér

pay
mayar

trade
dagang

money
artos

dollar
dollar

euro
euro

yen
yen

rouble
rubel

Swiss franc
Franc swiss

renminbi yuan
renminbi yuan

rupee
rupiah

cash point
ATM

currency exchange office
kantor pertukaran mata uang

gold
emas

silver
pérak

oil
minyak

energy
énérgi

price
harga

contract
kontrak

tax
pajak

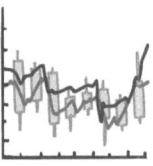
stock
saham

work
gawé

employee
karyawan

employer
dunungan

factory
pabril

shop
toko

economy - ékonomi

occupations
pagawéan

police officer
petugas pulisi

fireman
pemadam kebakaran

cook
koki

doctor
dokter

pilot
pilot

gardener

tukan kebon

carpenter

tukang kai

seamstress

tukang jait awéwé

judge

hakim

chemist

ahli kimia

actor

aktor

bus driver
sopir beus

taxi driver
sopir taksi

fisherman
nalayan

cleaning lady
pembantu

roofer
tukang hateup

waiter
badega

hunter
tukang muru

painter
pelukis

baker
tukang roti

electrician
tukang listrik

builder
tukang bangun

engineer
insinyur

butcher
tukang daging

plumber
tukang pipa

postman
tukang pos

occupations - pagawéan

soldier	architect	cashier
tentara	arsiték	kasir

florist	hairdresser	conductor
tukang kembang	tukang salon	konduktor

mechanic	captain	dentist
tukang méngkél	kaptén	dokter gigi

scientist	rabbi	imam
ilmuwan	rabbi	imam

monk	pastor	
biarawan	pendéta	

occupations - pagawéan

tools
alat

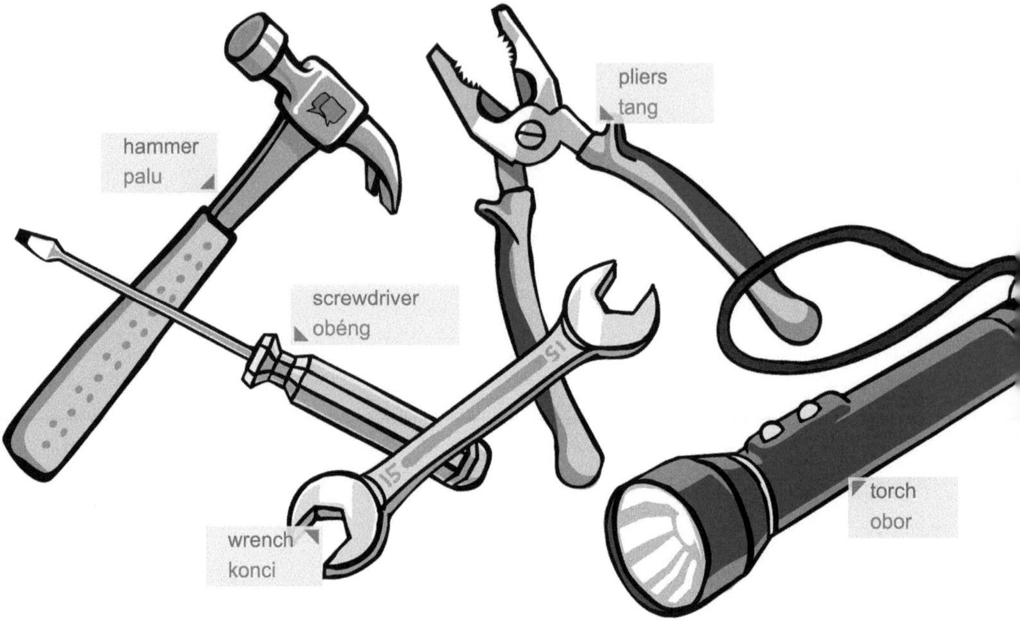

hammer
palu

pliers
tang

screwdriver
obéng

wrench
konci

torch
obor

excavator
panggali

toolbox
kantong parkakas

ladder
tangga

saw
ragaji

nails
paku

drill
bor

repair
ngabenerkeun

shovel
sekop

Damn!
Kéhéd!

dustpan
pengki

paint can
pot cét

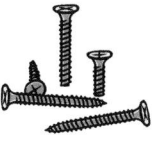
screws
sekrup bor

musical instruments
alat musik

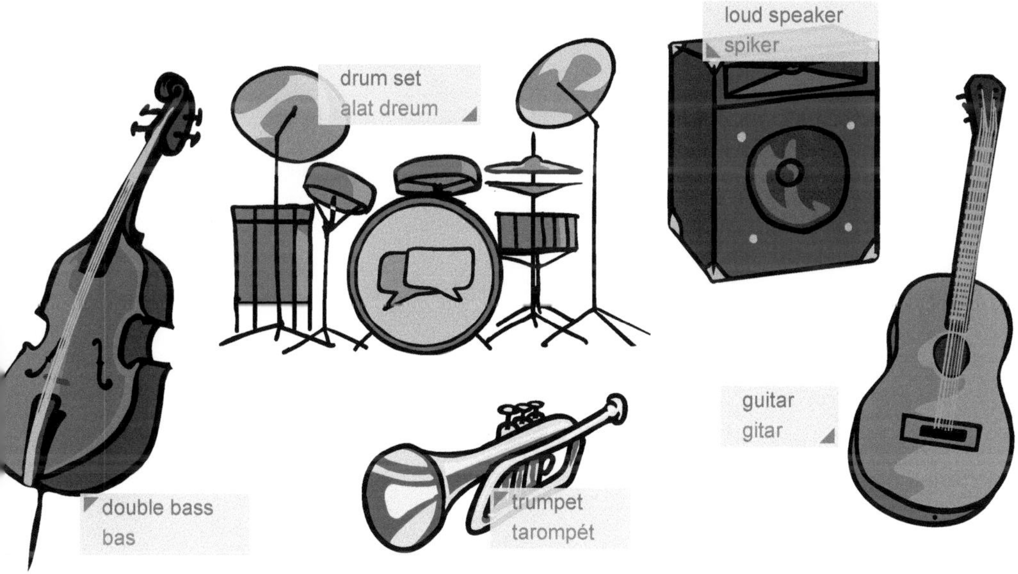

- drum set / alat dreum
- loud speaker / spiker
- guitar / gitar
- double bass / bas
- trumpet / tarompét

piano
piano

violin
violin

bass
bas

timpani
tambur

drums
dreum

keyboard
keyboard

saxophone
saksofon

flute
suling

microphone
mikrofon

musical instruments - alat musik

ZOO
kebon binatang

- tiger — maung
- cage — kandang
- zebra — sebra
- animal feed — parab
- entrance — panto asup
- panda — panda

animals
sato

elephant
gajah

kangaroo
kanguru

rhino
badak

gorilla
gorila

bear
biruang

zoo - kebon binatang

camel
onta

ostrich
manuk onta

lion
singa

monkey
monyét

flamingo
flamingo

parrot
manuk béo

polar bear
biruang polar

penguin
penguin

shark
hiu

peacock
merak

snake
oray

crocodile
buaya

zookeeper
tukang jaga kebon binatang

seal
anjing laut

jaguar
jaguar

zoo - kebon binatang

pony
kuda poni

leopard
macan tutul

hippo
kuda nil

giraffe
jerapah

eagle
heulang

boar
bagong

fish
lauk

turtle
kuya

walrus
anjing laut

fox
robah

gazelle
kijang

zoo - kebon binatang

sports
olahraga

activities
aktivitas

- jump / jaganjleng
- laugh / seuri
- hug / nangkeup
- walk / leumpang
- sing / nyanyi
- dream / ngimpén
- pray / ngadoa
- kiss / nyium

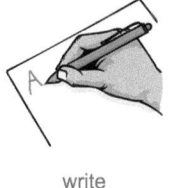

write
nyerat / nulis

draw
ngalukis

show
ningalikeun

push
ngadorong

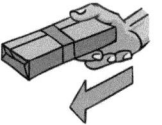

give
méré

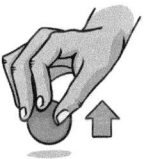

take
mawa

activities - aktivitas

have
boga

do
ngalakukeun

be
nya éta

stand
tatih

run
lumpat

pull
narik

throw
malédog

fall
ragrag

lie
saré

wait
nungguan

carry
nyandak

sit
diuk

get dressed
anggé acuk

sleep
saré

wake up
hudang

activities - aktivitas

look at
ningali

cry
méwék

stroke
ngusapan

comb
nyisir

talk
nyarita

understand
ngarti

ask
naros

listen
ngadéngé

drink
nginum

eat
dahar

tidy up
bébérés

love
bogoh

cook
masak

drive
nyetir

fly
hiber

activities - aktivitas

sail
balayar

calculate
ngitung

read
maca

learn
diajar

work
gawé

marry
kawin

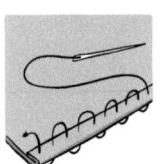

sew
ngajait

brush teeth
sikat huntu

kill
maéhan

smoke
ngarokok

send
ngirim

family
kulawarga

grandmother
nini

grandfather
aki

father
bapak

mother
emak

baby
orok

daughter
budak awéwé

son
budak lalaki

guest
tamu

aunt
bibi

uncle
emang

brother
aa

sister
tétéh

family - kulawarga

body
awak

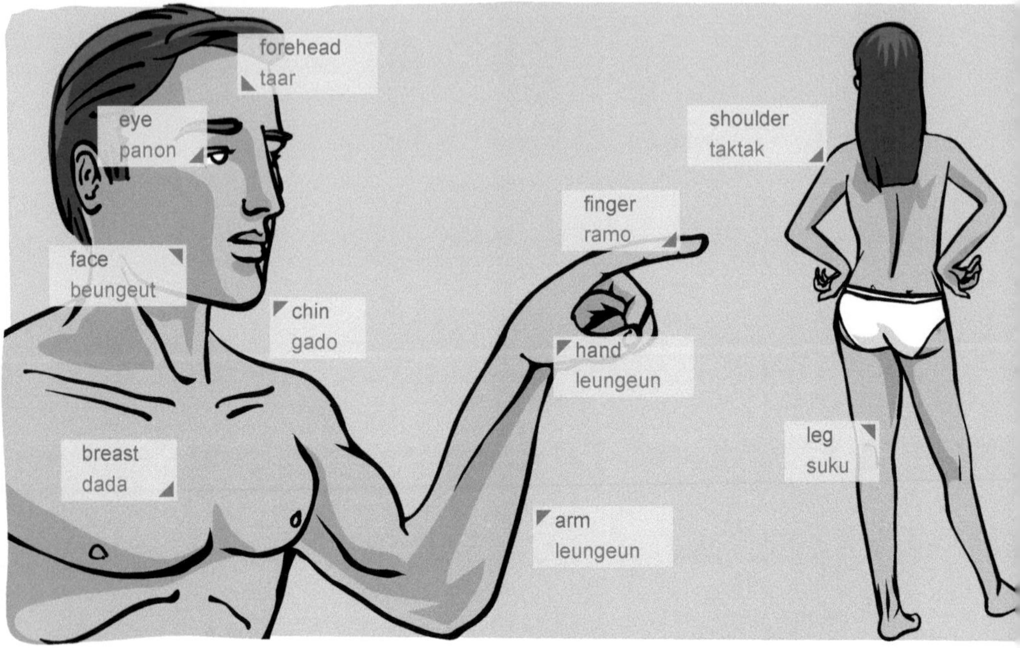

forehead — taar
eye — panon
shoulder — taktak
finger — ramo
face — beungeut
chin — gado
hand — leungeun
breast — dada
leg — suku
arm — leungeun

baby
orok

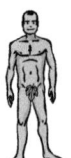

man
lalaki

woman
awéwé

girl
awéwé

boy
lalaki

head
sirah

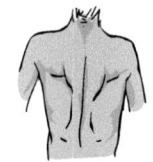

back
tonggong

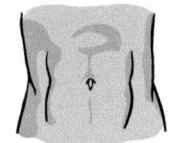

belly
beuteung

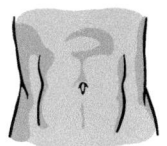

navel
bujal

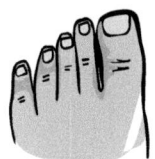

toe
jempol

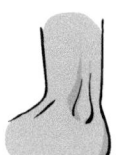

heel
keuneung

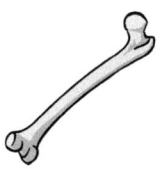

bone
tulang

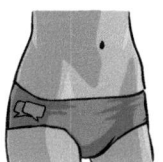

hip
cangkéng

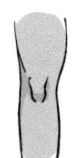

knee
tuur

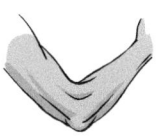

elbow
sikut

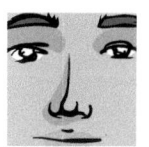

nose
irung

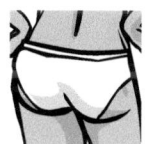

buttocks
bujur

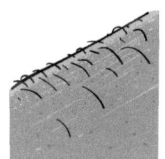

skin
kulit

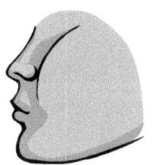

cheek
pipi

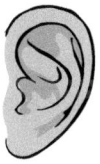

ear
ceuli

lip
biwir

body - awak

mouth
baham

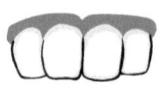

tooth
huntu

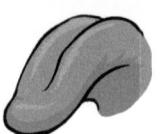

tongue
létah

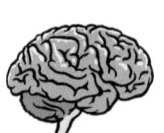

brain
uteuk

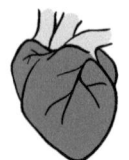

heart
haté

muscle
otot

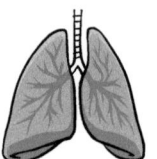

lung
bayah

liver
ati

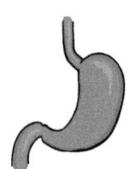

stomach
lambung

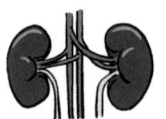

kidneys
ginjal

sex
sapatemon

condom
kondom

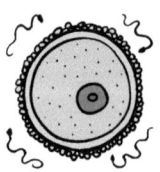

ovum
sél telur

semen
spérma

pregnancy
kakandungan

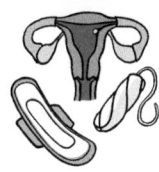

menstruation

haid

vagina

heunceut

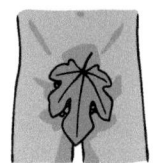

penis

sirit

eyebrow

halis

hair

buuk

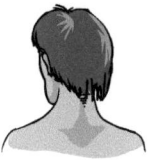

neck

beuheung

hospital
rumah sakit

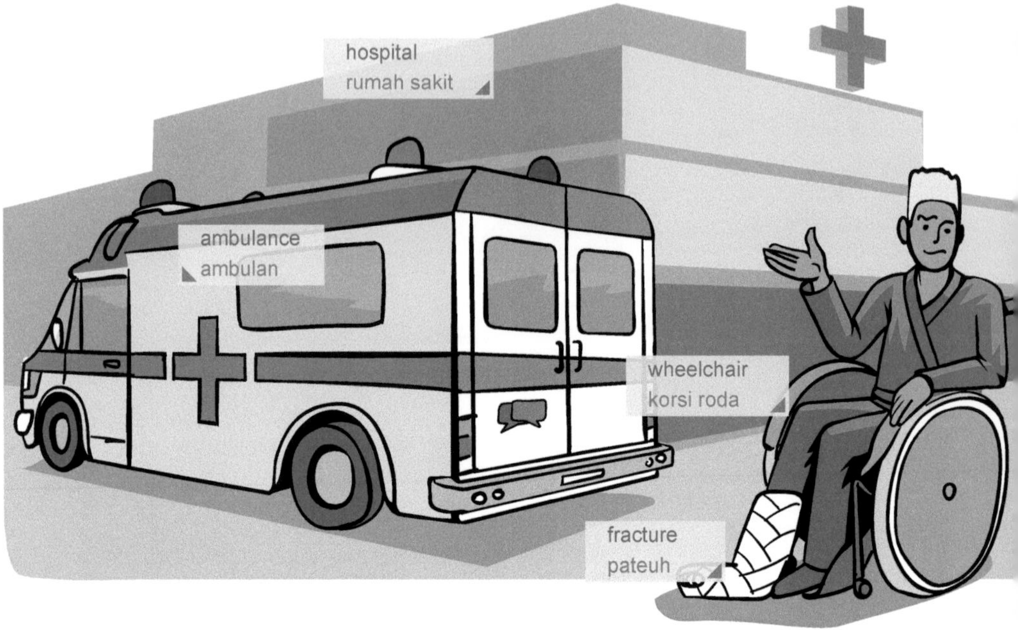

- hospital / rumah sakit
- ambulance / ambulan
- wheelchair / korsi roda
- fracture / pateuh

doctor
dokter

emergency room
rohang darurat

nurse
parawat

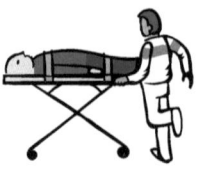
emergency
darurat

unconscious
pingsan

pain
nyeri

injury
tatu

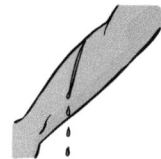
bleeding
ngaluarkeun getih

heart attack
jantungan

stroke
strok

allergy
alérgi

cough
batuk

fever
muriang

flu
salésma

diarrhea
birit

headache
rieut

cancer
kanker

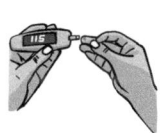
diabetes
diabétés

surgeon
ahli bedah

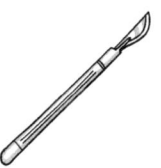
scalpel
péso bedah

operation
operasi

hospital - rumah sakit

CT
CT

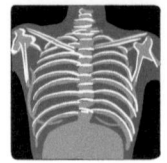
x-ray
sinar x

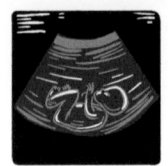
ultrasound
usg

face mask
topéng

disease
panyakit

waiting room
rohang tunggu

crutch
pangrojong

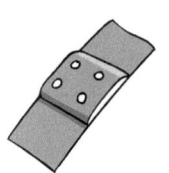
plaster
paléstér

bandage
perban

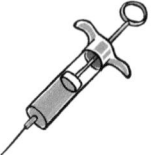
injection
injéksi

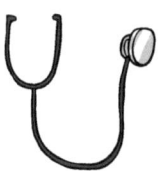
stethoscope
stétoskop

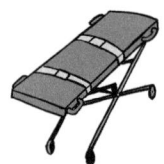
stretcher
tandu

clinical thermometer
termométer klinis

birth
kalahiran

overweight
obésitas

hospital - rumah sakit

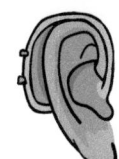		
hearing aid	disinfectant	infection
alat bantu dédéngéan	désinféktan	inféksi

virus	HIV / AIDS	medicine
virus	HIV / AIDS	obat
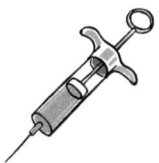	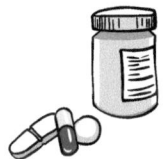	
vaccination	tablets	pill
vaksinasi	tablét	pil

emergency call	blood pressure monitor	ill / healthy
panggilan darurat	ngukur ténsi	gering / séhat

hospital - rumah sakit

emergency
darurat

Help!	alarm	assault
Tulung!	alarem	gangguan

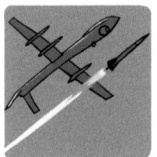  

attack	danger	emergency exit
narajang	bahaya	panto darurat

Fire!	fire extinguisher	accident
Seuneu!	alat pemadam kabakaran	kacilakaan

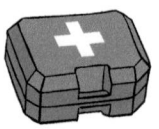  

first-aid kit	SOS	police
kotak P3K	SOS	pulisi

earth
Bumi

Europe
Eropa

North America
Amérika Utara

South America
Amérika Selatan

Africa
Afrika

Asia
Asia

Australia
Australi

Atlantic
Atlantik

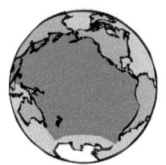

Pacific
Pasifik

Indian Ocean
Samudra Hindia

Antarctic Ocean
Samudra Antartika

Arctic Ocean
Samudra Arktik

North pole
Kutub Utara

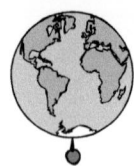  

South pole	Antarctica	earth
Kutub Selatan	Antartika	Bumi

land	sea	island
tanah	laut	pulau

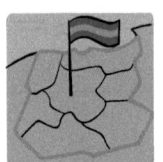 

nation	state
bangsa	nagara

clock
jam

clock face
jam wajah

hour hand
jarum péndék

minute hand
jarum menit

second hand
jarum detik

What time is it?
Tabuh sabaraha?

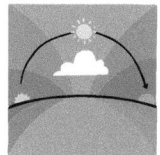
day
poé

time
waktos

now
ayeuna

digital watch
jam digital

minute
menit

hour
jam

week
minggu

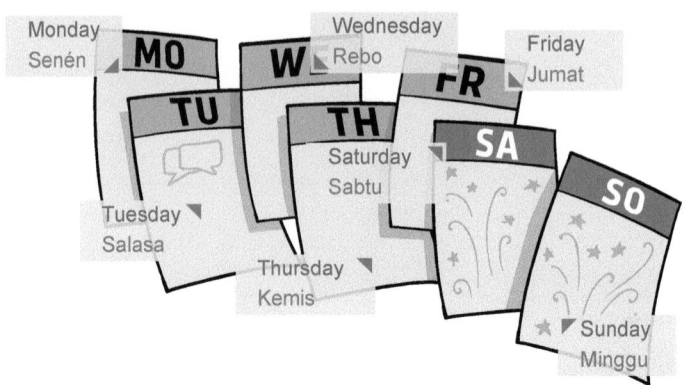

- Monday — Senén
- Tuesday — Salasa
- Wednesday — Rebo
- Thursday — Kemis
- Friday — Jumat
- Saturday — Sabtu
- Sunday — Minggu

yesterday
kamari

today
dinten ayeuna

tomorrow
énjing

morning
énjing-énjing / isuk-isuk

noon
siang

evening
peuting

workdays
poé gawé

weekend
akhir minggu

year
taun

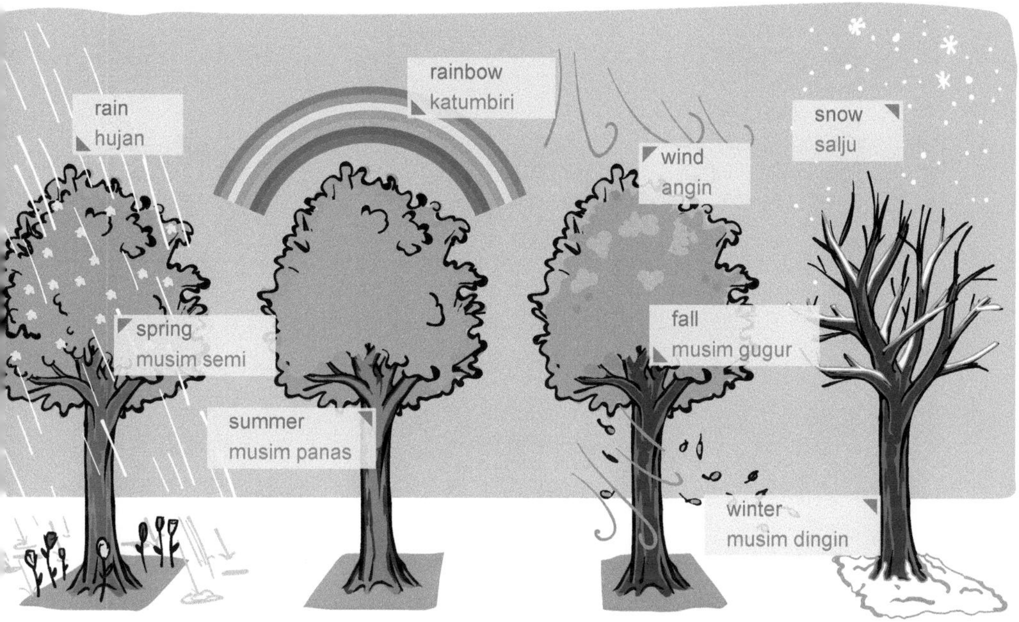

rain — hujan
rainbow — katumbiri
snow — salju
wind — angin
spring — musim semi
fall — musim gugur
summer — musim panas
winter — musim dingin

weather forecast
ramalan cuaca

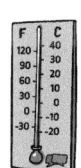

thermometer
térmométer

sunshine
panon poé

cloud
awan

fog
pepedut

humidity
kelembaban

lightning
gelap

thunder
guntur

storm
badai

hail
hujan és

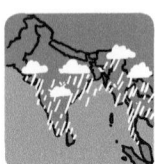
monsoon
angin muson

flood
caah

ice
és

January
Januari

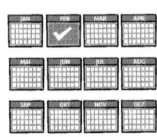
February
Pébruari

March
Maret

April
April

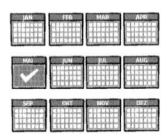
May
Mei

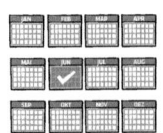
June
Juni

July
Juli

August
Agustus

year - taun

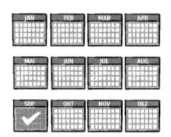  

September
Séptémber

October
Oktober

November
Nopémber

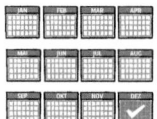

December
Désémber

shapes
bentuk

circle
buleudan

square
persegi

rectangle
persegi panjang

 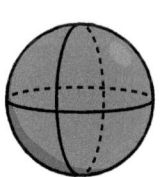 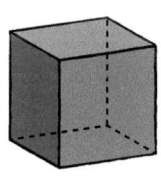

triangle
segi tiga

sphere
bola

cube
kubus

colors
warna-warna

white
bodas

yellow
konéng

orange
oranyeu

pink
kayas

red
beureum

purple
bungur

blue
bulao

green
héjo

brown
coklat

gray
abu-abu

black
hideung

opposites
sabalikna

a lot / a little
loba / saeutik

angry / calm
ambek / kalem

beautiful / ugly
geulis / goreng

beginning / end
ngamimitian / réngsé

big / small
gedé / leutik

bright / dark
caang / poék

brother / sister
dulur lalaki / dulur awéwé

clean / dirty
bersih / kotor

complete / incomplete
lengkep / teu lengkep

day / night
poé / peuting

dead / alive
paéh / hirup

wide / narrow
lega / heureut

edible / inedible

bisa didahar / teu bisa didahar

evil / kind

jahat / bageur

excited / bored

sumanget / bosen

fat / thin

badag / begang

first / last

kahiji / terakhir

friend / enemy

baturan / musuh

full / empty

pinuh / kosong

hard / soft

heuras / lemes

heavy / light

beurat / hampang

hunger / thirst

kalaparan / haus

ill / healthy

gering / séhat

illegal / legal

ilegal / legal

intelligent / stupid

calakan / bodo

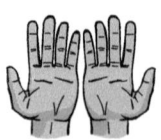

left / right

kénca / katuhu

near / far

deukeut / jauh

opposites - sabalikna

new / used

anyar / urut

nothing / something

euweuh nanaon / aya nanaon

old / young

kolot / ngora

on / off

hurung / pareum

open / closed

buka / tutup

quiet / loud

jempé / gandéng

rich / poor

beunghar / sangsara

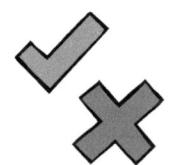

right / wrong

bener / salah

rough / smooth

kasar / lemes

sad / happy

sedih / gumbira

short / long

pendék / panjang

slow / fast

alon / gancang

wet / dry

baseuh / garing

warm / cool

haneut / tiis

war / peace

perang / damai

opposites - sabalikna

numbers
angka-angka

0 zero / nol

1 one / hiji

2 two / dua

3 three / tilu

4 four / opat

5 five / lima

6 six / genep

7 seven / tujuh

8 eight / dalapan

9 nine / salapan

10 ten / sapuluh

11 eleven / sawelas

12 twelve
duawelas

13 thirteen
tiluwelah

14 fourteen
opatwelas

15 fifteen
limawelas

16 sixteen
genepwelas

17 seventeen
tujuhwelas

18 eighteen
dalapanwelas

19 nineteen
salapanwelas

20 twenty
duapuluh

100 hundred
saratus

1.000 thousand
sarébu

1.000.000 million
sajuta

languages
basa-basa

English
Inggris

American English
basa Inggris Amerika

Chinese Mandarin
basa Cina Mandarin

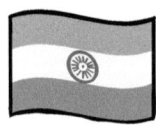

Hindi
basa Hindi

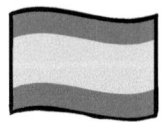

Spanish
basa Spanyol

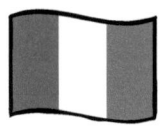

French
basa Perancis

Arabic
basa Arab

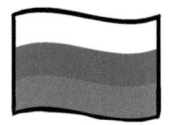

Russian
basa Rusia

Portuguese
basa Portugis

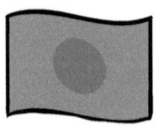

Bengali
basa Bengal

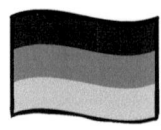

German
basa Jerman

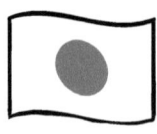

Japanese
basa Jepang

who / what / how
saha / naon / kumaha

I
urang

you
manéh

he / she / it
anjeunna / manéhna

we
arurang

you
maranéh

they
aranjeunna / maranéhna

who?
saha?

what?
naon?

how?
kumaha?

where?
di mana?

when?
iraha?

name
wasta / ngaran

where
di mana

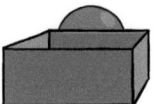

behind
di tukang

in
di

in front of
di hareup

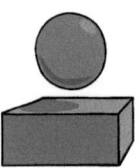

over
di luhureun

on
di luhur

under
di handapeun

beside
di gigir

between
antawis

place
tempat